Hanna Backhaus

Lass deine Angst hinter dir

Hanna Backhaus

Lass deine Angst hinter dir

Wie wir uns unseren Ängsten stellen und Vertrauen einüben können

Brendow
Verlag | Alles, was Sinn macht!

Bibliografische Information der Deutschen Nationalbibliothek
Die Deutsche Nationalbibliothek verzeichnet diese Publikation in der Deutschen Nationalbibliografie; detaillierte bibliografische Daten sind im Internet über http://dnb.d-nb.de abrufbar.

ISBN 978-3-86506-897-2

Einbandgestaltung: Brendow Verlag, Moers
Titelfoto: fotolia lovelara
Satz: Brendow Web & Print, Moers
Druck und Bindung: DROGOWIEC-PL Sp. z.o.o.
Printed in Poland
www.brendow-verlag.de

Wenn einer keine Angst hat,
hat er keine Fantasie.
Erich Kästner

Vorwort

Angst ist für uns alle ein vertrautes Gefühl und doch glaube ich, dass uns nicht bewusst ist, wie oft Angst die Ursache unserer Haltung und unseres Handelns ist. Sie hat weitreichende Auswirkungen auf unser Leben. Mir selbst ist erst beim tieferen Eintauchen in dieses Thema klar geworden, wie oft kleinere oder größere Ängste der Grund für Verunsicherung in meinem Alltag sind.

Dieses Buch soll helfen Angst als Ursache zu erkennen und ihre Wirkung bewusster wahrzunehmen. Mit dem Ergebnis: Wir haben Angst, aber die Angst hat nicht uns.

Alle Menschen haben Angst. Sie hat tausend verschiedene Gesichter, aber immer eine Ursache, den Verlust. Jede Angst ist letztlich Verlustangst. Wir fürchten im Extremfall um unser Leben – oder aber, in den allermeisten Fällen, ganz einfach um unser Leben in seiner jetzigen Form. Wir fürchten den Verlust von Geborgenheit und Vertrautheit. Wir sind fremd und ungeborgen unterwegs in dieser Welt, sind in allen möglichen Facetten auf der Suche nach dem verlorenen Paradies.

Wir spüren den Verlust von Urvertrauen und Gehaltensein und sehnen uns nach einer Liebe, die uns auch dann noch liebt, wenn wir nicht schön lieb sind.

Da kommt uns Gott in Jesus, seiner großen Liebe, entgegen.

In ihm baut er für seine Menschen die Brücke zum verlorenen Paradies der bedingungslosen Liebe.

An uns ist es, den Gang über diese Brücke zu wagen.

Einleitung

Angst aus psychologischer Sicht

Wir Menschen werden geboren und schon während der Geburt werden wir von Angst gepackt. Zuerst erleben wir das Paradies im Mutterleib, für unsere Bedürfnisse ist gesorgt, bis der Tag kommt, an dem wir geboren werden.

Diese Geburt beginnt mit Bedrängnis und zunehmender Enge, die darin gipfelt, dass wir durch einen viel zu engen Kanal hindurch gepresst werden, um in einer hellen, kühlen, uns unbekannten Welt zu landen. Wir werden hineingeboren in eine Welt, in der man sogar ums tägliche Brot kämpfen und jedes Unwohlsein mit lautem Geschrei kundtun muss. Unbewusst bleiben wir unser Leben lang auf der Suche nach der ursprünglichen Geborgenheit, dem Paradies im Mutterleib. Somit ist Angst von Geburt an untrennbar verbunden mit unserem Leben. Jeder Mensch hat also Angst, auch wenn sie sich bei jedem anders ausdrückt oder unterschiedlich stark ausgeprägt ist.

„Viele würden sagen: ‚Ich habe Angst!'. Wenn sie mutig genug wären.“
Robert Heinlein

Übrigens gibt es, zwar nicht in unserem Sprachgebrauch, aber in der Philosophie einen Unterschied zwischen Angst und Furcht. Wir sagen: „Ich habe Angst vor dem Hund." oder auch: „Ich fürchte mich vor dem Hund."

Der Philosoph Martin Heidegger war einer der ersten, der diesen Unterschied herausstellte.

- Er bezeichnete Angst als „Grundbefindlichkeit des Daseins", also zum Leben gehörend. Sie ist ein Empfinden der Unsicherheit, des Nicht-zu-Hause-seins.
- Und die Furcht ist nach seiner Auffassung etwas, das der Mensch auf konkrete Dinge richtet, wie z. B. Furcht vor Gott, vor Strafe, vor dem Altwerden, Arbeitslosigkeit, Atomkrieg, der Zukunft oder ähnlichem.

1. Angst – was ist das?

Der Begriff „Angst" kommt aus dem Lateinischen *angustia* und bedeutet so viel wie Enge, Bedrängnis. Auch im Griechischen *angschein* klingt das deutsche Wort Angst mit. Es wird übersetzt mit würgen, drosseln. Angst ist also ein Gefühl, welches uns in die Enge treibt, uns in Bedrängnis bringt, wir fühlen uns von ihr gewürgt oder unser Lebenswille wird von ihr gedrosselt.

Etwa 12-14% der deutschen Bevölkerung entwickelt aus der ganz natürlichen Angst eine Angststörung.

Folgende Angststörungen treten häufiger auf, die unbedingt in die Behandlung von Fachleuten gehören.

- z. B. posttraumatische Belastungsstörungen

Angst wird ausgelöst, wenn etwas passiert, was an ein früheres, zutiefst negativ empfundenes Ereignis erinnert.

Das kann ein Ton, ein Geruch oder ein Geräusch sein, die eine Erinnerung wachrufen, worauf das Gehirn übersensibel mit dem Empfinden von Angst reagiert.

„Angst haben wir alle. Der Unterschied liegt in der Frage: wovor?“
Frank Thiess

Der Mensch reagiert mit seiner augenblicklichen Angst mehr auf etwas aus der Vergangenheit, als auf das, was gerade jetzt geschieht.

- Phobien

Bei einer Phobie wird ein starkes Gefühl der Furcht vor etwas ausgelöst, das eigentlich nicht bedrohlich für den Menschen ist. Viele Menschen haben Angst vor Schlangen, Spinnen, Vögeln oder Knöpfen. Tatsächlich können Phobien gegen fast alles entwickelt werden, auch wenn sie völlig irrational sind. Sie entstehen aus einer anfänglich gemachten negativen Erfahrung oder auch einem traumatischen Erlebnis. Um diesem in Zukunft aus dem Weg zu gehen, vermeiden sie den Auslöser ihrer Angst. Genau dieses „Vermeiden wollen“ der Angst steigert sie jedoch und gibt ihr erst die Möglichkeit zu wachsen.

Manche Leute gehen nie zum Tag der offenen Tür, weil sie Angst haben, sich zu erkälten.

- Panikattacken

Die dritte häufige Form, in der Angst Probleme bereiten kann, hängt mit starken körperlichen Reaktionen auf die Angst zusammen. Jede Emotion hat Auswirkungen auf unser Befinden, aber die Angst kann im schlimmsten Fall heftige körperliche Komplikationen auslösen. Angstbedingte Kopfschmerzen beispielsweise können einen Panikkreislauf auslösen. Allein die Sorge, wieder diese Kopfschmerzen zu bekommen, löst erneut Schmerzen aus, weil sich Blutgefäße verengen, der Blutzufluss gehemmt ist und der Schmerz sich dadurch verstärkt. Starke Schmerzen verursachen starke Angstgefühle, Gefühle der Angst wiederum lösen neue Schmerzen aus. Solche Empfindungen verursachen Hormonausschüttungen im Körper, diese wiederum verändern die Atemfrequenz und der Mensch atmet kürzer und flacher. Dies hat zur Folge, dass sich die Konzentration von Sauerstoff und Kohlendioxid im Blut verändert, es kommt zu Ohnmachtsgefühlen, Muskelverspannungen, Übelkeit, Magenkrämpfen, Durchfällen und schmerzhaften Störungen im Verdauungssystem. Auch wenn solche Attacken medizinisch meist harmlos sind, sollte man einen Arzt aufsuchen, um auszuschließen, dass es sich um ernsthafte Beschwerden handelt. Um aus dem Teufelskreis von Panikattacken aussteigen zu können, bedarf es in der Regel der Hilfe eines Therapeuten. Ob aber ein Mensch eine Angststörung entwickelt, hängt ursächlich davon ab, wie er grundsätzlich mit starken Angstempfindungen umgeht bzw. umgehen gelernt hat.

Falls Sie unsicher sind, ob eine dieser Angststörungen bei Ihnen vorhanden sein könnte, beantworten Sie die Fragen des nachfolgenden Tests und beherzigen den Rat des erfahrenen Psychotherapeuten Reinhold Ruthe.

Test: Leide ich unter einer Panikstörung?

Bitte kreuzen Sie an, was für Sie stimmt!

- ○ Herzrasen oder unregelmäßiger Herzschlag
- ○ Schwitzen
- ○ Zittern oder innerliches Beben
- ○ Mundtrockenheit
- ○ Luftnot
- ○ Engegefühl oder Kloß im Hals
- ○ Schmerzen, Druck oder Enge in der Brust
- ○ Übelkeit oder Magenbeschwerden
- ○ Schwindel, Unsicherheit, Benommenheit oder Angst, in Ohnmacht zu fallen
- ○ Gefühl, nicht da zu sein oder neben sich zu stehen
- ○ Angst, die Kontrolle zu verlieren oder verrückt zu werden
- ○ Hitzewallungen oder Kälteschauer
- ○ Taubheits- oder Kribbelgefühle in den Gliedmaßen oder im Gesicht

Hinweise für die Auswertung

Treten diese Symptome in Form von plötzlichen Angst- oder Panikzuständen auf, die zwischen zehn Minuten und zwei Stunden andauern? Haben Sie dabei mindestens vier dieser Symptome gleichzeitig, dann handelt es sich sehr wahrscheinlich um eine Panikstörung. Sie sollten einen Facharzt aufsuchen! Häufig treten die Symptome auch in Verbindung mit Platzangstsymptomen (Agoraphobie) auf. Was können Sie tun? Wie sind Panikstörungen zu verstehen?

1. Das Hauptmerkmal der Panikstörung ist das Auftreten wiederholter, unerwarteter Panikattacken. Panikstörungen werden auch Herzphobien genannt. Es tritt Herzangst auf, ohne dass ein kardiologischer Befund vorliegt. Häufig sind junge Erwachsene betroffen, Männer etwas häufiger als Frauen. Dazu gehören: die Panikattacke tritt wie aus heiterem Himmel auf, die Angst, einen Herzinfarkt zu erleiden, die Kontrolle zu verlieren, ist groß, starke Variation der Häufigkeit und Schwere der Attacken, viele glauben, an einer lebensbedrohlichen Krankheit zu leiden, viele glauben, sie seien „verrückt geworden", häufig beginnt die Störung mit zerbrochenen Beziehungen, Depressionen kommen häufig bei Personen mit Panikattacken vor, bei einem Drittel der Betroffenen gehen Depressionen der Attacke voraus, soziale Phobien finden sich bei 15-30 % aller Betroffenen, Zwangsstörungen finden sich bei 8-10 % der Betroffenen.

„In Ängsten findet manches statt, was sonst nicht stattgefunden hätte."
Wilhelm Busch

2. Sprechen Sie mit einem Psychiater oder einem Psychotherapeuten, die sich mit diesen Symptomen auskennen.

3. Sprechen Sie als Christ auch mit einem Fachseelsorger, der Ihnen in Abstimmung mit dem Psychiater weiterhilft.
(Aus: Reinhold Ruthe, „Das bin ich, das bist du.“, Brendow 2014.)

Angst an sich ist zuerst einmal ein Signal, das uns warnt, wenn Gefahr droht. In diesem Fall ist Angst etwas Positives, das unter Umständen sogar unser Leben schützt.

Bei genauerem Hinsehen stellen wir fest, dass Angst eine Reaktion ist, die sich auf etwas Zukünftiges, uns Unbekanntes bezieht. Dabei können wir in der Regel nicht einmal sagen, ob das, was wir befürchten, auch wirklich passiert. Dabei ist es interessant zu wissen, dass etwa 90% von dem, was eine Angstreaktion in uns hervorruft, letztlich nicht eintrifft.

Das bedeutet, dass wir überwiegend von ängstlichen Empfindungen geplagt werden, die sich auf Situationen oder Lebensumstände beziehen, die nie zur Realität werden.

Auch Sorgen sind eine Form dieser Zukunftsangst.

Wir quälen uns oft mit Gedanken, was werden wird, was werden könnte und wie etwas werden könnte. In der Bibel steht dazu ein sehr kluger Satz: *„Quält euch nicht mit Gedanken an morgen; der morgige Tag wird für sich selber sorgen. Ihr habt genug zu tragen an der Last von heute.“*
Matthäus 6,34

„Haben Sie keine Angst vor der Zukunft, sie beginnt erst morgen.“
Zarko Petan

Das sagt uns, wir Menschen sind von unserem Schöpfer so konzipiert, dass wir die Last von heute auf uns nehmen und tragen können. Sobald wir aber anfangen, zu weit in die Zukunft hinein zu denken, überlasten wir unsere psychische Tragkraft und geraten in einen Strudel, der uns die Kraft zur Bewältigung des gegenwärtigen Tages nimmt.

Corrie ten Boom, die im Dritten Reich sehr viel persönliches Leid erfahren hat, drückt das so aus: „Sich sorgen nimmt dem Morgen nichts von seinem Leid, aber es raubt dem Heute die Kraft."

Sich sorgen verändert nichts; sich sorgen ist Ausdruck von Zweifeln an der Fürsorge Gottes für seine Geschöpfe. Gott ermutigt uns in der Bibel: *„Darum sage ich euch: Macht euch keine Sorgen um Essen und Trinken und um eure Kleidung. Das Leben ist mehr als Essen und Trinken, und der Körper ist mehr als Kleidung. Seht euch die Vögel an! Sie säen nicht, sie ernten nicht, sie sammeln keine Vorräte – aber euer Vater im Himmel sorgt für sie. Und ihr seid ihm doch viel mehr wert als alle Vögel! Wer von euch kann durch Sorgen sein Leben auch nur um einen Tag verlängern?" Matthäus 6,25-27*

„Sich sorgen nimmt dem Morgen nichts von seinem Leid, aber es raubt dem Heute die Kraft."
Corrie ten Boom

Die willentliche Entscheidung, diesem Gott Vertrauen entgegen zu bringen, ist ein tragfähiges Statement gegen Zukunftsangst. Selbst wenn wir das wissen, können wir die Angst nicht immer abschalten, sie hat leider keinen Kippschalter. Sie kommt immer wieder und will uns quälen, sie ist etwas zutiefst Menschliches. Manchmal nimmt sie uns Lebensmut, denn sie weist auf die Bedrohung des Lebens hin, und das hängt mit unserer Verletzbarkeit und der Endlichkeit unseres Lebens auf diesem Globus zusammen. Wären wir unverletzbar und lebten wir unendlich auf dieser Erde, brauchten wir keine Angst zu haben.

2. Was bewirkt Angst?

Angst hat sowohl positive als auch negative Auswirkungen. Einerseits weckt sie verborgene Kräfte in uns. Sie macht uns sogar mutig und erfinderisch.

Ein Beispiel macht das deutlich:

Eine Gruppe 13-jähriger Jungen war zu einem Ausflug aufgebrochen. Ein ca. 15 m breiter Fluss im Schweizer Jura war ihr Ausflugsziel. Einige konnten schwimmen.

Die Nichtschwimmer vertrieben sich die Zeit damit, Feuer zu machen, in dem sie Kartoffeln und Äpfel brieten. Plötzlich ertönte ein lauter Schrei. Einer der Nichtschwimmer war ausgerutscht und ins reißende Wasser gefallen. Der Ertrinkende schrie um Hilfe. Alle liefen auseinander. Die einen, um im nächsten Ort Hilfe zu holen, die anderen in Panik. Drei der Schwimmer stürzten sich ins Wasser um den Freund zu retten, doch jeder Rettungsversuch war vergebens, die starke Strömung riss sie flussabwärts.

Plötzlich am Ufer lautes Schreien und Lachen. Es war der Nichtschwimmer. Die Retter schwammen ans andere Ufer zu ihm. „Und jetzt schwimme ich zurück", erklärte er und warf sich in die Fluten. Die Schwimmer begleiteten ihn und alle kamen gut hinüber. „Hast du denn keine Angst gehabt?", wurde er gefragt. „Angst? Mir ist fast das Herz stehen geblieben vor Angst. Aber dann riss ich mich zusammen und bin unter Wasser geschwommen." Er hatte sich durch die Flucht nach vorn gerettet.

So enthält Angst auch immer den Impuls in sich, sie zu überwinden. Der innere Druck, den sie erzeugt, setzt Kräfte frei, die man selbst in sich nicht vermutete hätte.

Andererseits kann Angst so blockieren, dass wir nicht fähig sind, situationsgerecht zu reagieren. Sicher können Sie sich lebhaft vorstellen, wie eine Mutter gelähmt vor Entsetzen zusieht, wie ihr Kind, das sich von ihrer Hand losgerissen hat, von einem Auto angefahren wird, weil sie in dem Moment vor Schreck keinen Finger rühren kann.

„Angst ist Mut mit Ladehemmung!"
Rupert Schützbach

Angst lässt uns aber auch zukunftsorientiert sein. Wenn wir eine drohende Gefahr erkennen, können wir entsprechend darauf reagieren. Früher hängten die Bauersfrauen in den Alpen ihren spielenden Kindern Glöckchen um, die man weithin hören konnte. Sie taten dies, damit sie den Aufenthaltsort ihres Kindes bestimmen konnten, während sie selbst auf dem Feld arbeiteten, und wurden somit gewarnt, wenn das Kind sich einem reißenden Bergbach näherte oder eine Gefahr drohte. Die gleiche Funktion haben Alarmsysteme in unserem Zeitalter.

Auch unser Sparkonto ist gedacht für schlechtere Zeiten, wie z. B. Arbeitslosigkeit oder Krankheit. So kann Angst den Menschen bewegen, Vorsorgemaßnahmen für die Zukunft zu treffen. Gegen die Realgefahren hat der Mensch aus der so genannten Realangst allerhand Schutzmaßnahmen erfunden. Ganze Industriezweige leben von dieser Realangst, wobei uns das in der Regel nicht bewusst ist:

- z. B. unsere heutige Bauwirtschaft

Angefangen hat es mit der Wohnhöhle, die den Menschen gegen die Unannehmlichkeiten der Natur schützen sollte. Entwickelt hat sich daraus der moderne Wohnungsbau. Wer von uns verbindet sein Eigenheim schon ursächlich mit Angst?

- die Bekleidungsindustrie

Mit den Fellen der Neandertaler hat es angefangen und heute sind wir, aus Angst uns zu erkälten, bestens geschützt durch gut funktionierende Outdoor-Bekleidung und ungezählte Modedesigner bemänteln (oder bekleiden) unsere Angst vor Imageverlust.

- Renten- und andere Versicherungen leben von der Angst vor dem sozialen Abstieg;
- die pharmazeutische Industrie und Ärzte existieren von der Angst des Menschen vor dem körperlichen Verfall;
- die Kosmetikindustrie blüht durch unsere Angst vor dem Altern und dem Tod.

3. Wie wirkt Angst?

Angst wirkt sowohl im körperlichen als auch im seelischen Bereich. Ihre Wirkungsweisen im Körperlichen kennen wir alle: Magendruck, Kopfschmerzen durch verengte Blutgefäße, Schlafstörungen und erhöhter Blutdruck, Benommenheit, Muskelverspannungen u. v. m.

„Alte Leute sind gefährlich, sie haben keine Angst mehr vor der Zukunft.“
George Bernhard Shaw

Im seelischen Bereich bewirkt Angst Enge. Der ängstliche Mensch kann viele Dinge nicht tun, oder für sich in Anspruch nehmen, die sein Leben bereichern würden.

- Mit Flugangst setzt er sich in kein Flugzeug, kommt also nicht nach Afrika, es sei denn, er traut sich auf ein großes Schiff;

- wenn er überhaupt Auto fährt, fährt er nur die Strecken, die er schon kennt, er würde nie in eine ihm unbekannte Stadt fahren;
- in Beziehungen zu anderen Menschen hält er sich zurück, weil er Angst hat, nicht angenommen, nicht ernst genommen zu werden.

Ein von Angst geprägter Mensch entfaltet nur geringe Ausschnitte seiner Persönlichkeit. Er schöpft das vom Schöpfer in ihn gelegte Potenzial nicht optimal aus.

4. Wie entsteht übertriebene Angst?

Angst entsteht aus verirrtem Denken. Die Denkweise wiederum ist geprägt vom Erleben der frühen Kindheit.

Hat ein Kind erlebt, den Erwachsenen seiner Umgebung ausgeliefert zu sein, nicht ernst genommen zu werden als Persönlichkeit, entwickelt es das Empfinden, seinem Umfeld ausgeliefert zu sein. Es wird sich infolge dessen selbst einreden: *Ich bin nicht in der Lage, mich zu wehren, mein Einspruch bewirkt nichts. Ich bin den Menschen meiner Umgebung hilflos ausgeliefert.*

Diese Denkweise wird auch im Erwachsenenleben immer wieder neu Angst für diesen Menschen erzeugen.

Auch tiefgreifende Veränderungen in der Lebenssituation lösen tiefe Ängste aus, z.B. der Tod eines Angehörigen, eine lebensbedrohende Krankheit, Arbeitslosigkeit oder Scheidung. Alles, was uns fremd ist, bewirkt Unsicherheit und ängstigt uns. In Experimenten mit Kleinstkindern hat man beobachtet, dass sie mit reflexartigen, hilflosen Gebärden reagieren, wenn man ihnen die Unterlage entzieht oder den Anschein erweckt, sie fallenzulassen.

Auch im Erwachsenenalter haben wir bei existenziellen Veränderungen das Gefühl: Mir wird die Basis, die Grundlage des Lebens entzogen, wie dem Baby die Unterlage. Veränderungen im persönlichen Lebensbereich erzeugen das Empfinden, dass der Boden unter unseren Füßen schwankt, und wir reagieren unwillkürlich mit Angst.

Wir verlieren das Gefühl von Geborgenheit.

Ein weiterer Angst erzeugender Faktor ist fehlendes Urvertrauen. Ein Kind, welches in den ersten Lebensjahren erlebt, dass es sich einer Bezugsperson, die in der Regel die Mutter ist, rückhaltlos anvertrauen kann, wird als Erwachsener weniger mit Angst zu kämpfen haben als eine Person, die dieses Urvertrauen in einer ersten engen Bindung nicht entwickeln konnte.

5. Angst und ihre unbewussten Ziele

Angst hat nicht nur Auswirkungen im eigenen Leben, sie wirkt sich auch in unseren Beziehungen aus. Unbewusst setzen wir die Angst als Druckmittel ein, um ein bestimmtes Ziel zu erreichen. Unbewusst bauen wir die Angst in unseren Lebensstil ein. Sie erfüllt in dem Fall häufig die Funktion, sich einer ungewohnten Herausforderung nicht zu stellen.

Beispielsweise kann sich ein Kind aus der ganz natürlichen Angst vor Dunkelheit oder verlassen zu werden auch im fortgeschrittenen Alter weigern, altersentsprechende Zeitspannen lange allein zu bleiben oder auch andere altersgerechte Herausforderungen anzunehmen. Wenn Eltern stets auf diese Angst eingehen und ihr Kind nicht ermutigen, altersgerechte Anforderungen anzunehmen, wird es seine Angstäußerungen benutzen, um zu erreichen, dass die Eltern das tun, was es möchte. Die Angst wird zum vertrauten Werkzeug, um Herausforderungen auszuweichen. Denn instinktiv wird es wissen: Wenn ich entsprechend interveniere und lamentiere, werden die Eltern tun, was ich will.

So wird Angst unbewusst in den Lebensstil eingebaut und Selbstvertrauen in die eigenen Fähigkeiten nicht entwickelt.

Auch später wird dieser Mensch, um der Angst auszuweichen, die in der Kindheit angeeigneten Verhaltensweisen benutzen, um seine Ziele zu erreichen.

Ihm fehlt der Mut, ungewohnte Herausforderungen anzunehmen.

- *Eine andere Form, Angst auszudrücken, ist Hilflosigkeit.*

Wenn ich Angst habe, einer Aufgabe nicht gewachsen zu sein, bleibe ich im Vorfeld stehen und drücke aus: Ich kann das nicht! Der Anforderung bin ich nicht gewachsen!

Aus diesem Eingeständnis mir selbst gegenüber („Ich brauche Hilfe") folgt im besten Falle eine Handlung (ich hole mir Hilfe), im schlimmsten Falle hemmt oder gar lähmt mich meine Angst. Ich „produziere" quasi Hilflosigkeit in der Hoffnung, dass ein anderer darauf eingeht und mir zu Hilfe eilt. Entweder mit Ratschlägen, gutem Zureden oder er erledigt die Aufgabe sogar für mich.

Dies kann zu einem Teufelskreis werden, denn der Angst auf diese Weise auszuweichen, steigert sie.

Angst kann uns immer verführen, den Dingen vor denen wir uns fürchten, aus dem Weg zu gehen, sie kann uns genauso herausfordern neues Land zu erobern, d.h. Dinge zu tun, die wir uns im ersten Moment nicht zutrauen.

Wird Hilflosigkeit zum Verhaltensmuster um Anforderungen aus dem Weg zu gehen, erreicht der Mensch damit zwar sein Ziel, gleichzeitig gibt er der Angst den Raum, sein Handeln zu bestimmen.

Der erste wichtige Schritt, ein solches Muster zu überwinden, ist es, dieses zu erkennen und bewusst dagegen an zu handeln.

- *Eifersucht ist eine besondere Form der Angst.*

Denn wozu benutzt eine eifersüchtige Person ihre Eifersucht?

  - ○ Um den Partner zu erinnern, sich ausschließlich um sie zu kümmern.
  - ○ Ihn zu ermahnen, sich in seinen Gedanken, Worten und seinem Tun, ausschließlich um sie zu drehen.
  - ○ Letztlich wird damit der Partner an sich geklammert und ihm kann dann schnell die Puste zur Partnerschaft ausgehen.

Also führt Angst zu ganz unterschiedlichen Auswirkungen in unseren Verhaltensweisen.

- Ich empfinde Angst, nicht anerkannt und gesehen zu werden, drücke diese aus, indem ich dem Gegenüber Vorwürfe mache, in die Opferrolle schlüpfe, und verfolge damit unbewusst das Ziel, eine für mich günstigere Situation zu schaffen.
- Ich versuche die Umstände so einzurichten, dass ich selbst mich nicht verändern muss, z.B. wenn ich neidisch oder eifersüchtig bin, oder die Wahrheit großzügig handhabe
- Ich versuche, mein Minderwertigkeitsdenken zu kompensieren, indem ich durch mein Verhalten die anderen zwinge, sich mir zuzuwenden.

6. Angst führt zu Beziehungskonflikten

Ich bin der Überzeugung, dass uns im Alltag nicht bewusst ist, wie viele Beziehungskonflikte durch Angst entstehen.

Angst wird nämlich nicht ausschließlich durch *tatsächliche* lebensbedrohliche Situationen hervorgerufen, sie drückt sich auch aus in dem Empfinden, in den Augen der anderen an Wert zu verlieren, z.B. in der Beziehung zu Eltern, Freunden, Nachbarn, zum Partner, usw. Dabei spielt natürlich eine große Rolle, welchen Stellenwert sie als Bezugspersonen in unseren Augen haben. Wir haben Angst vor der (unbewusst) *vermeintlich* lebensbedrohlichen Situation, den Schutz der sozialen Gemeinschaft zu verlieren.

Angst beschleicht uns, wenn wir nach unserem Empfinden nicht genügend beachtet oder gar mit negativer Aufmerksamkeit von ihnen bedacht werden. Diese signalisiert uns: Ich fühle mich nicht mehr geborgen in der Beziehung.

Ich fühle mich verunsichert, nicht mehr genügend geliebt.

Diese Gefühle erzeugen Spannung und rufen Reaktionen hervor wie: eisiges Schweigen, Ausgrenzen, Beschuldigen des anderen. Reaktionen, die nicht über die sachliche Ebene laufen, sondern an das Gegenüber appellieren: Richte deine Aufmerksamkeit auf mich, gib du mir die Wertschätzung, die ich brauche, um meinen eigenen Wert schätzen zu können. Der andere wird dadurch unter Druck gesetzt und reagiert in der Regel nicht so, wie es seinem Gegenüber gut täte, der Konflikt ist vorprogrammiert.

Wertschätzung drücke ich aus, wenn ich der Sichtweise des anderen genauso viel Berechtigung gebe wie meiner eigenen. Wertschätzung heißt also, dass dem anderen erlaubt wird, die Dinge so zu sehen, wie er sie sieht, ohne ihn dafür auf der Beziehungsebene abzustrafen. Wie oft streitet man, um Recht zu bekommen, ohne die Ursache zu erkennen, die hinter dem Konflikt steckt, nämlich das tiefe Bedürfnis eines jeden Menschen nach Wertschätzung und Anerkennung seiner Person.

Problematisch daran ist oft unser eigenes, fehlendes Selbstwertempfinden; aufgrund dessen können wir nicht glauben, dass wir von unserem Gegenüber grundsätzlich wertgeschätzt sind.

So werden durch die Minderwertigkeitsangst viele Konflikte in Beziehungen ausgelöst. Und so entsteht aus unserer Angst auch immer wieder Schuld. Wir werden schuldig am anderen, weil wir ihn geringschätzig behandeln, eifersüchtig klammern, ein unbarmherziges Urteil über ihn fällen, ihn ausgrenzen, schneiden oder Übles über ihn reden.

Leider sind unserer menschlichen Fantasie da keine Grenzen gesetzt. Vielleicht entdecken Sie die eine oder andere Verhaltensweise bei sich selbst. Zuerst hinterfragen Sie sich selbst und machen Sie sich Ihr eigenes beziehungsschädigendes Verhalten bewusst.

Wenn Sie dies getan haben, will ich Ihnen an dieser Stelle Mut machen, dieses nicht aus falscher Scham zu verstecken. Niemand, kein Mensch, ist frei von solch unguten Verhaltensweisen, deshalb überwinden Sie sich und sprechen Sie mit einem Menschen Ihres Vertrauens, einem Seelsorger oder Therapeuten.

Zwei Dinge ereignen sich: Erstens erkennt man im Gespräch viel eher die eigenen Ziele des Handelns und zum Zweiten ist es leichter, schädliche Verhaltensmuster abzubauen, wenn man offen damit umgeht. In der Bibel gibt es einen sehr konstruktiven Rat zum Umgang mit eigener Schuld. Dort wird uns gesagt: *„Wenn wir aber unsere Schuld eingestehen, dürfen wir uns darauf verlassen, dass Gott Wort hält: Er wird uns dann unsere Verfehlungen vergeben und alle Schuld von uns nehmen, die wir auf uns geladen haben.“ 1. Johannesbrief 1,9*

Eigene Schuld einzusehen und einzugestehen ist ein gesunder Umgang mit Versagen und bewirkt zudem, dass man der Beziehung die Chance gibt, sich zu vertiefen, weil Menschen sich auf Augenhöhe begegnen. Und zwar in dem Bewusstsein, dass jeder von uns auf Vergebung angewiesen ist und niemand Selbstbewusstsein lebenslang gepachtet hat, sondern immer wieder die Bestätigung des Wertes braucht, den Gott ihm in die Wiege gelegt hat.

Alle diese genannten Ängste gehören zu unserem Leben, doch mitunter werden sie zu stark oder nehmen zu viel Raum in unserem Alltag ein, da kann es notwendig sein, Hilfe zu suchen.

Der Test „Ist meine Angst krankhaft?“ kann Ihnen helfen zu erkennen, ob Ihre Angst krankmachend ist.

Test: Ist meine Angst krankhaft?

Die Zahlen hinter den Aussagen bedeuten:

1	2	3	4
nie oder fast nie	selten	häufig	fast immer

	Meine Zahl
Ich mache mir immer Sorgen, obschon ich weiß, dass die meisten Dinge nie eintreten werden.	
Mich treibt eine große innere Unruhe um, sie macht mich rastlos.	
Den Tag erlebe ich ängstlich und angespannt. Für mich liegt etwas Bedrohliches in der Luft!	
Unbestimmte Sorgen treiben mich um. Nichts kann mich richtig erfreuen.	
Irgendwie gehört die Angst zu meinem Leben. Im Prinzip ist sie immer gegenwärtig.	

	Meine Zahl
Wenn ich mich in die Angst hineinversetze, kann ich mir katastrophale Dinge ausmalen.	
Meine Angst kreist um alles Mögliche, um meine Kinder, die Ehe, um die Zukunft.	
Meine Angst blockiert viele Aktivitäten: den Urlaub, die Gemeinde, Hobbys usw.	
Der Alltag wird häufig zur Qual, weil viele Befürchtungen die Aktivitäten lähmen.	
Oft habe ich das Gefühl, dass ich die Kontrolle über mein Leben verliere.	
Die Ängste verschaffen mir sogar Schluck- und Halsbeschwerden.	
Meine Familie hält mich für einen Katastrophendenker.	
Nachts schlafe ich sehr unruhig. Ich bin nervös und zergrüble alles.	
Sorgen und Ängste halten mich in Atem. Oft sehe ich mich in einer Sackgasse.	
Was ich auch tue, alles ist mit Sorgen und Ängsten verknüpft.	
Mir fehlt die innere Ruhe. Ich bin zittrig, nervös und unkonzentriert.	

Hinweise für die Auswertung

Bis 30 Punkte: Sie werden mit Sorgen, Ängsten und Befürchtungen weitgehend fertig. Ihnen gelingt es, Ihr Leben ohne große seelische Belastungen zu realisieren.

31-48 Punkte: Sie kennen Angst- und Spannungsgefühle und erleben hier und da sorgenvolle Stunden. Aber Sie sind diesen Ängsten nicht hilflos ausgeliefert. Ablenkung gelingt Ihnen. Den Zuspruch – auch im Glauben – können Sie umsetzen.

49-62 Punkte: Sorgen und Ängste spielen in Ihrem Leben eine große Rolle. Alltag und Lebensfreude sind belastet. Sie können sich und den Angehörigen das Leben schwermachen. Auch können gesundheitliche Schäden eintreten. Es ist ratsam, einen Facharzt oder einen Psychotherapeuten aufzusuchen. Vielleicht hilft Ihnen auch ein Fachseelsorger, der sich mit Angstsymptomen auskennt.

63-80 Punkte: Ihre Ängste, Sorgen und Befürchtungen sind so groß, dass Ihr Alltag äußerst problematisch verläuft. Gespräche mit Freunden, wahrscheinlich auch Gebete, bieten keine Entlastung. Vermutlich haben Sie die Kontrolle über Ihr Leben verloren. Alles wird Ihnen zu viel. Sie benötigen dringend ärztlichen und therapeutischen Beistand. Sie selbst und Ihre Angehörigen werden vermutlich eine große Entlastung erfahren. Sie tun sich, Ihrem Partner/Ihrer Partnerin oder Ihren Familienangehörigen einen großen Dienst, wenn Sie sich behandeln lassen, sollte Ihre Punktzahl weit über 60 liegen.

(Aus: Reinhold Ruthe, „Das bin ich, das bist du.“, Brendow 2014.)

Angst im Spiegel der vier verschiedenen Persönlichkeitstypen

Alle bisher von mir genannten Ängste wie Realangst, Zukunftsangst und die Minderwertigkeitsangst sind uns natürlich nicht ständig bewusst und doch gehören sie zu unserem Alltag. Die Tiefenpsychologie hat vier Persönlichkeitstypen herausgefunden, die modellhaft vier Grundlebensüberzeugungen widerspiegeln.

Der Psychologe Fritz Riemann hat vier Persönlichkeitstypen herausgearbeitet, die jeweils durch verschiedene Ängste gekennzeichnet sind. In seinem Buch „Grundformen der Angst“ stellt Riemann vier Grundtypen vor. Diese Charakterstrukturen sind weitgehend nicht vererbt, sie haben sich in den ersten Lebensjahren entwickelt, wurden anerzogen, sind im Umgang mit Eltern, Großeltern, Geschwistern und von dem betreffenden Menschen selbst geformt worden. Diese Charakterstrukturen mit den entsprechenden Angstmustern sind Eigenarten, die jeweils einen einzelnen Lebensstil auszeichnen. Die entsprechenden Verhaltensweisen der Angst sind antrainiert worden, um besser mit den Lebensumständen fertig zu werden.

Die folgenden vier Charaktertypen beschreibt Riemann:

- der schizoide Typ
- der depressive Typ

- der zwanghafte Typ
- der hysterische Typ

Da Riemann seine Beobachtungen in der Psychiatrie machte, benutzte er diese Krankheitsbegriffe. Ich werde nicht diese Begriffe verwenden, sondern wertfreie Bezeichnungen gebrauchen.

> Der *schizoide* Typ ist der *sachliche* Typ,
> der *depressive* Typ der *warmherzige* Typ,
> der *zwanghafte* Typ der *korrekte* Typ
> und der *hysterische* Typ der *unkonventionelle* Typ.

Niemand ist in seiner Persönlichkeit nur einer dieser Typen. Bei jedem Menschen finden sich unterschiedliche Anteile der genannten Typen. Bei den meisten Personen bildet sich jedoch ein Schwerpunkt in der Ausprägung heraus.

A) Der sachliche Typ

Er ist der sachliche, eher unabhängige Mensch. Er geht auf Distanz, braucht Abstand und Spielraum. Er denkt, arbeitet und lebt stark für sich selbst. Er ist ein Eigenbrötler und Individualist. Wenn er vor seinem PC sitzt und auf dem Bildschirm das erscheint, was er auf der Tastatur eingibt, ist das für ihn berechenbar und gibt ihm Sicherheit.

Er versachlicht Probleme, beobachtet und analysiert, um dann entsprechend darauf zu reagieren.

Im Theater oder im Kino bevorzugt er die Plätze am Rand einer Reihe, einmal, um nicht in der Mitte von anderen Personen eingeengt zu werden, aber auch, damit er das Weite suchen kann, wenn ihm das Programm nicht gefällt.

Dieser Charaktertyp hat Angst

- vereinnahmt
- geklammert oder
- durch Nähe kontrolliert zu werden.

Appellieren andere an seine Gefühle, kann er *zynisch, sarkastisch und ironisch* reagieren, denn er muss überspielen, dass er mit Gefühlen nicht gut umgehen kann. Er gibt sich so, um sich vor zu viel Nähe zu schützen, denn die bedrängt ihn und löst Angst in ihm aus.

Ist das Gefühlsleben eines Sachlichen nicht zu stark verarmt, ist er ein sehr sensibler und differenzierter Mensch, dem alles Banale und Oberflächliche zuwider ist.

Er ist ausgesprochen verlässlich und sicher mehr als andere in der Forschung und Mathematik anzutreffen.

Es fällt ihm leichter, mit Maschinen und Geräten wie z.B. Kameras, Autos, Computern u.ä. umzugehen, als auf die Bedürfnisse eines Menschen einzugehen.

In seiner Kindheit wurde er in wichtigen Entwicklungsschritten alleingelassen.

Daher hat er schon früh eine Eigenständigkeit entwickelt und kann aufgrund dieser Erfahrung gut allein leben.

Seine ersten Bezugspersonen waren nur unregelmäßig für ihn da, daher musste er Probleme allein lösen.

Körperkontakt und Verständnis für die Bedürfnisse eines Kindes hat er wenig erfahren.

Die Menschen in seinem Umfeld waren nicht in der Lage, mit ihren eigenen Gefühlen umzugehen, geschweige denn, diese in Worte zu fassen.

Er musste früh lernen, ohne die anderen auszukommen.

So ist seine Angst vor zu viel Nähe entstanden. Sie bedrängt ihn und macht ihn hilflos, weil er zu wenige Erfahrungen im Umgang mit anderen Menschen machen konnte.

B) Der warmherzige Typ

Der Warmherzige ist der abhängige Mensch, er braucht andere Menschen wie die Luft zum Atmen. Er braucht Nähe, Wärme, Aufmerksamkeit und Wertschätzung. Im vertrauten Gespräch fühlt er Geborgenheit. Immer wieder braucht er die Bestätigung und die Aufmunterung anderer, denn er glaubt nur an sich selbst und seine Fähigkeiten, wenn die Anderen an ihn glauben. Er hat in seiner Kindheit mehr ein Wir-Gefühl, als ein Ich-Bewusstsein entwickelt.

Daraus folgt, dass er nicht nach seinen eigenen Wünschen und Impulsen lebt, die er oft nicht einmal wahrnimmt, vielmehr sind die Erwartungen seiner Umwelt ausschlaggebend für sein Handeln. Der Warmherzige hat hohe Ideale, so hoch, dass er manchmal selbst nicht an sie herankommt. Wenn er hinter den hohen Erwartungen an sich selbst zurückbleibt, bekommt er Schuldgefühle und hat das Gefühl, den Herausforderungen des Lebens nicht genügend nachkommen zu können. Er meint zu versagen.

Dieser Charaktertyp hat Angst:

- vor Verlust,
- nicht beachtet,
- vernachlässigt,
- übersehen und
- im Stich gelassen zu werden.

Aus der *Angst, nicht geliebt zu sein*, ist der warmherzige Typ *nachgiebig* und *entscheidungsschwach*. Denn sobald man sich für eine Möglichkeit entscheidet, entscheidet man sich automatisch gegen alle anderen Wege, die ebenfalls zum Ziel geführt hätten. Er möchte niemanden in seiner Umgebung verletzen und keinem zu nahe treten, auch deshalb fällt es ihm schwer, klare Entscheidungen zu fällen. Das Lob anderer spornt ihn zu noch höherem Einsatz an. Wird ihm Anerkennung versagt, zieht er sich leicht in Selbstmitleid zurück. Durch die tief in ihm verwurzelte Angst, nicht wertvoll zu sein, wird er leicht zum Spielball seiner Umgebung. Er möchte eben gern allen gefallen. Er ist derjenige, der freundlich und einfühlsam auf andere zugeht. Eine gute Atmosphäre in einer Gruppe oder einem Verein ist ohne ihn undenkbar.

Die Kindheit des Warmherzigen war geprägt von einer engen Mutter-Kind-Beziehung. Die Mutter klammerte das Kind, damit verwöhnte und überforderte sie es gleichzeitig. Das Kind wurde häufig als Partnerersatz gesehen und musste früh Verantwortung für die Bedürfnisse eines Erwachsenen übernehmen. Wobei damit die Rollen vertauscht wurden; nicht der Erwachsene übernahm die Verantwortung, das Urbedürfnis nach Geborgenheit zu stillen, sondern das Kind wurde für die Bedürfnisse einer der Bezugspersonen missbraucht.

Eine eigenartige Abhängigkeit von der Gunst anderer Menschen hat hierin ihre Wurzeln.

C) Der korrekte Typ

Diese Persönlichkeit ist in allem korrekt und liebt die Ordnung. In der Regel kann man sie schon am Outfit erkennen. Die Kleidung Ton in Ton, ein Haar neben dem anderen, mit Spray fixiert, dass alles bleibt wie es war.

Für diesen Charaktertyp sind Pünktlichkeit und Genauigkeit unverzichtbar. Er hat Sinn für Strukturen und

Rituale. Sie geben ihm Sicherheit und ein Geländer, an dem er entlang gehen kann. Er ist absolut zuverlässig, treu und pflichtbewusst. Er ist ein guter Organisator und ordnet sich einem guten Organisator auch gern unter. Wenn er einem unkonventionellen Leiter folgen soll, geht er eher aus dem Feld, weil er die Dinge gern strukturiert angeht.

In allen Lebensbereichen ist dieser Typ ein Ausbund an Pflichtbewusstsein und Exaktheit. Er sorgt gern vor für schlechte Zeiten, ist ausdauernd und konsequent.

Dieser Mensch hat Angst

- vor Regel- und Gesetzlosigkeit,
- ein Risiko einzugehen,
- Schulden zu machen,
- vor Treulosigkeit,
- Großzügigkeit und zu viel Toleranz,
- zu viel Freiheit,
- vor Veränderung.

Auf Unvorhergesehenes reagiert er ängstlich und kann total blockiert sein vor der Herausforderung, spontan zu handeln.

In unserer hektischen Welt, wo nichts mehr vor Veränderung sicher ist, fühlt er sich entsprechend gestresst. Dieser Mensch ist oft gesetzlich und einengend in der Familie. Besonders, wenn die Kinder ins Teenie-Alter kommen, wird ihm *angst und bange, dass er die Kontrolle verliert* und sie vom rechten Weg abkommen könnten.

Von diesen korrekten Typen stammt sicher der Spruch: „Solange du deine Füße unter meinen Tisch steckst, hast du zu tun und zu lassen, was ich dir sage!"

Sowohl beruflich als auch privat verleitet ihn seine Angst dazu, fanatisch zu werden, überbehütend und reglementierend einzugreifen.

Aber auf die Korrekten ist hundertprozentig Verlass. Sie sind treu wie Gold, sie sind die Säule im Fluss der Zeit, sie bewahren uns vor Unverbindlichkeit. Sie sind bestens geeignet als Museumsdirektor oder Bibliothekar, weil sie gerne das Althergebrachte bewahren, und wir finden sie im Finanzamt und in der Buchhaltung, weil 1 + 1 immer noch 2 ist.

In der Kindheit erlebte dieser Mensch sehr kleinliche Erzieher, man nennt sie auch kleinkarierte Erbsenzähler.

Er wurde stark kontrolliert, seinen Eltern entging so schnell nichts. Kleinlich und mit entschiedener Härte wurden normale Vergehen eines Kindes geahndet.

Weil jedes Kind ängstlich bedacht ist, von den Eltern geliebt zu werden, hat dieser Typ durch Anpassung an die Forderungen der Eltern versucht, ihre Liebe zu gewinnen.

D) Der unkonventionelle Typ

Er ist das glatte Gegenteil zum Korrekten. Er liebt geradezu die Freiheit und das Risiko. Er ist gern kreativ und spontan. Der Unkonventionelle ist großzügig und lässt sich gerne auf Abenteuer ein. Er testet seine Grenzen aus und lässt sich ungern einengen. Alles, was neu ist und alles Künstlerische und Ungewöhnliche spricht ihn besonders an.

Er lebt total im Heute, ist schnell entschlossen, schnell zu begeistern, lebensbejahend und furchtlos.

Und doch hat er Angst

- durch Zwänge eingeengt zu werden,
- Regeln festzulegen,
- durch Gesetze beschnitten zu werden,
- Traditionen ausgesetzt zu sein.

Er ist ein Draufgänger in jeder Beziehung. Gegen Fesseln und Verbote wehrt er sich. Verbindlichkeit ist ihm zuwider. Versprechen kann man halten, muss man aber nicht. Pünktlichkeit handhabt er stets großzügig und er sagt sich: „Was du heute kannst besorgen, das klappt bestimmt ja auch noch morgen.“ Der Unkonventionelle hat auf jeden Fall sein Ohr am Puls der Zeit. Er weiß bzw. spürt, wo man sein muss, um etwas Interessantes zu erleben. Er besitzt jede Menge Strahlkraft, deshalb kann man ihm oft nicht einmal böse sein. Er ist im Stande, einem eine Melkmaschine zu verkaufen, dafür nimmt er die letzte Kuh in Zahlung und man merkt es nicht, weil er mit so viel Überzeugung bei der Sache ist. Er selbst fällt aber auch leicht auf den ihm schmeichelnden Charme anderer herein, deswegen bringt ihn seine

Gutgläubigkeit oft in Schwierigkeiten. Ihm fehlt eine gesunde Menschenkenntnis. Man kann es sich leicht vorstellen: Ein Leben mit ihm ist stets unterhaltsam, zuweilen auch aufregend. Langeweile kommt jedenfalls in seiner Gegenwart so schnell nicht auf.

Er wusste in seiner Kindheit nicht, welchem Elternteil er sich zuordnen sollte, wer Vorbild für ihn sein könnte. Die Eltern hatten eine gespannte Beziehung, er saß zwischen den Stühlen. Er war oft hin- und hergerissen, mal sagte der eine: „Du gehörst zu mir", mal der andere, und so konnte dieser Typ seine eigene Rolle nicht finden. Bis ins Erwachsenenalter hat er Probleme, seine Identität zu finden und ist zu einem Hans Dampf in allen Gassen geworden.

Auch Kindern, die ausschließlich für ihr Äußeres Lob und wenig Bestätigung ihrer Begabung bekommen haben, wurden damit festgelegt, ihren Charme spielen zu lassen, um ihr Bedürfnis nach Anerkennung zu befriedigen.

„Mut ist nicht Abwesenheit von Angst, sondern vielmehr die Erkenntnis, dass etwas anderes wichtiger ist als die Angst."
Eleanor Roosevelt

Kein Mensch hat ausschließlich die Eigenschaften von einem dieser Typen, ein gesunder Mensch hat Anteile aus allen vier Typen, die sich die Waage halten, und doch bildet sich in der Regel häufig ein Schwerpunkt in der Persönlichkeit heraus.

So ist jeder durch seine persönlichen Angstreaktionen, durch die Erziehung und sein Temperament in seinem Charakter sehr individuell gestaltet.

Jede dieser Prägungen hat ihre Licht- und Schattenseiten. Es ist wichtig, die eigene Prägung zu erkennen, sie anzunehmen, sich mit ihr zu versöhnen und auch ein Ja zu den Neins zu finden. Wenn ich weiß, mit welchen speziellen Ängsten ich reagiere, kann ich anders damit umgehen. Natürlich hilft es auch, die Verhaltenshintergründe der Menschen um uns herum besser zu verstehen.

Es ist hilfreich zu wissen, dass in der Art, auf unser Umfeld zu reagieren, etwa 50% in uns Veranlagung ist, die in den Genen liegt, und die anderen 50% von uns selbst verwaltet und gestaltet werden können.

Fragen:

Welche Anteile dieser vier Charaktertypen entdecken Sie bei sich selbst?

Welchen Schwerpunkt von den vier Typen sehen Sie in Ihrer Prägung?

Wo konkret liegen, aufgrund der Persönlichkeitstypen, Ihre Angstschwerpunkte?

Welcher dieser Sätze trifft auf Sie am ehesten zu?

Ich habe Angst durch zu viel Nähe kontrolliert zu werden. (der sachliche Typ)

Ich habe Angst übersehen zu werden. (der warmherzige Typ)

Ich habe Angst vor Regellosigkeit und Chaos. (der korrekte Typ)

Ich will nicht eingeengt werden, will frei sein. (der unkonventionelle Typ)

Umgang mit der Angst

Wir wissen nun einiges über Entstehung und Wirken der Angst. Dies kann uns helfen, einiges zu durchschauen, doch mir ist es an dieser Stelle wichtig, gemeinsam mit Ihnen darüber nachzudenken, wie wir der Angst, die uns am Leben hindert, begegnen können. Und dies möchte ich in sechs Schritten aufzeigen. Dabei muss uns bewusst sein, dass wir die Angst nie ganz auslöschen können aus unserem Leben, aber wir können dafür sorgen, dass wir nicht von ihr gesteuert werden.

Besser wir wissen, dass Angst zu unserem Leben gehört und lernen, mit ihr umzugehen, als dass die Angst uns im Griff hat.

1. Schritt

Die eigene Denkweise hinterfragen und verändern

Hinter Ängsten, Befürchtungen und negativen Erwartungen steht in der Regel eine falsche Denkweise. Diese Art über mich zu denken hat ihre Wurzel häufig auch in negativen Sätzen, die Menschen mir mit auf den Weg gegeben haben. Wenn ich z.B. über mich denke „Ich bin klein und dadurch unscheinbar" oder „Ich kann oft nicht mitreden, es fehlt mir die entsprechende Bildung“, deshalb fühle ich mich wertlos; ich nehme an, weniger wert zu sein als die anderen.

Infolgedessen empfinde ich mich im Umgang mit anderen sehr schnell

- abgewertet,
- nicht ernst genommen,
- nicht geliebt,
- glaube, nicht zu genügen.

Meine Denkart projiziere ich auf mein Gegenüber und glaube meiner eigenen Lüge. Dazu kommt noch, dass jemand, der sich selbst für unattraktiv, hässlich, verklemmt und schüchtern hält, sich auch nach außen oft so darstellt. Sein Denken beeinflusst seine Haltung und seine Gebärden. Er reagiert ängstlich und resignativ. In dem Moment ist er genau das, was er befürchtet zu sein.

Unser Denken hat eine Kraft, die wir nicht unterschätzen sollten. In der Bibel empfiehlt Salomo, ein weiser König von Israel, vor tausenden von Jahren: *„Mehr als auf alles andere achte auf deine Gedanken, denn sie bestimmen dein Leben.“ Sprüche 4,23*

Wenn Sie über sich nachdenken, welche Gedanken kommen Ihnen in den Sinn?

Ich bin ...
Ich kann ...
Das Besondere an mir ist ...

Darauf bin ich stolz und dankbar ...
Das ärgert mich an mir ...
Das würde ich an mir am liebsten abstellen ...

Die Art und Weise, wie Sie über sich denken, stammt ursprünglich nicht von Ihnen selbst, meistens hat sie ihre Wurzeln in der Prägung der Kindheit. Abwertende Aussagen haben sich in der Seele und im Kopf festgesetzt.

Wenn nun ein Mensch als Erwachsener die Absicht hat, angstgesteuertes Verhalten zu korrigieren, dann muss er eine Entscheidung treffen. Die Frage an sich selbst lautet:

Will ich so weiter leben? Wenn nicht, wie kann ich den Weg der Veränderung gehen?

Dann beginnen Sie die Lügen in ihrem Denken zu entlarven. Stellen Sie den negativen Gedanken positive gegenüber.

Als Erstes gilt es, die negativen Gedanken über mich selbst aufzuspüren und ihnen dann neue konstruktive Einreden entgegenzusetzen.

Ein Beispiel:

negativ	positiv
Ich bin nicht in der Lage, auf Menschen, die ich mag, freundlich und offen zuzugehen.	Ich sehne mich nach guten Beziehungen. Ich werde heute auf einen Menschen zugehen, ihn freundlich ansprechen, ihm Interesse zeigen, ihm Fragen stellen und mich kurz zwanglos mit ihm unterhalten. Dies trainiere ich in Zukunft bewusst öfter.

negativ	positiv

Ein dicker Stolperstein im Denken eines Menschen ist sogenanntes Schwarz-Weiß-Denken. Grauzonen entdecken ist die Herausforderung, denn überhöhte Erwartungen an sich selbst und der Drang nach Perfektion machen Menschen mutlos.

Ein Beispiel:
*Ent*mutigende Denkweise: Wenn ich etwas tue, muss es perfekt sein, sonst lasse ich es lieber!

*Er*mutigende Denkweise: Ich würde so gern einmal den Mut haben, eine Veranstaltung zu moderieren. Ich frage einen, der mich gut kennt, ob er mich in dem Vorhaben bestärken würde. Wenn ja, bitte ich ihn, mich zu ermutigen und die Dinge zu sagen, die ich besser machen kann, dann probiere ich es einfach mal aus. Selbst wenn nicht alles fehlerfrei war, werde ich es wieder tun und evtl. dahinter vielleicht eine Gabe von Gott entdecken.

Der größte Fehler, den wir machen können, ist nicht, dass wir Fehler machen, sondern dass wir aus Angst vor Fehlern nichts machen.

Mich persönlich motiviert in diesem Lernprozess die Art und Weise wie Gott, der mich ins Leben gerufen hat, zu mir spricht. Dort wird Angsthasen mit folgenden Worten Mut zugesprochen.

„Fürchte dich nicht, ich befreie dich! Ich habe dich bei deinem Namen gerufen, du gehörst mir.

Musst du durchs Wasser gehen, so bin ich bei dir; auch in reißenden Strömen wirst du nicht ertrinken.

Musst du durchs Feuer gehen, so bleibst du unversehrt; keine Flamme wird dir etwas anhaben können.

Denn ich bin der Herr, dein Gott; ich bin dein Retter!"

Jesaja 43,1b-3a

Wer daran glaubt, kann mutig sein persönliches Potenzial entfalten, trotz mancher Ängste.

Ich bin überzeugt, dass Gott Interesse an jedem Leben hat. Er möchte etwas Sinnvolles daraus entstehen lassen.

Ich selbst hatte in meiner Kindheit entschieden: Für mich reicht es, lieb, brav und immer hilfsbereit zu sein. Dabei hat es mich nicht gestört, dass es über mich hieß: „Hanna ist ein liebes Kind, ein bisschen ungeschickt und nicht so intelligent wie ihre Geschwister, aber es muss ja auch solche Leute geben." Ein Satz von damals ist mir bis heute im Gedächtnis: „Was die Hanna mit den Händen aufstellt, stößt sie mit dem Hinterteil wieder um!" Damals habe ich gelacht, aber mein Denken über mich war davon geprägt.

Diese Denkweise hat mich lange verfolgt. Besonders, wenn ich Dinge tun wollte, die nicht in mein altes Schema passten, war ich von Angst fast hypnotisiert. Zum Glück hatte ich meinen Mann an meiner Seite, der mich ermutigt hat, Dinge zu tun, die für mich undenkbar waren.

Als ich beispielsweise gefragt wurde, ob ich einen Vortrag halten könnte, habe ich auf der Stelle „Nein" gesagt, ich hatte ja für mich entschieden, lieb und hilfsbereit zu sein – aber das möglichst im Hintergrund; der Gedanke, vor Menschen auf einer Bühne zu stehen, war undenkbar für mich.

Der Kommentar meines Mannes: „Du kannst doch nicht sagen, dass du das nicht kannst, wenn du es noch nie getan hast", hat mich herausgefordert, es mit riesengroßer Angst trotzdem zu versuchen. Aber die Angst, von anderen als Versager gesehen zu werden, war so tief in mir verwurzelt, dass ich viele Jahre und viele Kämpfe gebraucht habe, um dieses Denken zu überwinden. Heute bin ich dankbar und froh, diese tief verbuddelte Fähigkeit mit Schweiß und Tränen ausgegraben zu haben und festzustellen, dass da ein von Gott in mein Leben gelegtes Talent war, das ich nur durch mein Handeln gegen die Angst entdecken konnte.

Bewusstes Handeln gegen die Angst, nicht zu genügen, ist eine Art, gegen sie anzugehen. Also genau die Dinge, vor denen ich mich fürchte, trotzdem zu tun. Diese Arbeit ist mit Rückschlägen und Entmutigung und Selbstzweifeln verbunden. Wenn ich nicht bereit bin, diese auf mich zu nehmen, laufe ich Gefahr, die vom Schöpfer in mich gelegten Talente vergraben zu lassen. Dabei brauchen wir Menschen, die uns ermutigend und helfend zur Seite stehen.

„Es gehört Mut dazu, sich seiner Angst zu stellen und sie auszuhalten!"
Hoimar von Ditfurth

2. Schritt

Eltern und Erzieher müssen sich ihre Ängste bewusst machen, um sie nicht ungefiltert weiterzugeben

Die Aufgabe von Eltern und anderen Bezugspersonen ist es, einem Kind Mut ins Leben mitzugeben. Die Erfahrung, in der ersten Beziehung sicher und geborgen zu sein, lässt ein Gefühl von Geborgenheit in dem Kind Wurzeln schlagen, die ihm später die Flügel geben, trotz mancher Unsicherheit, unbekanntes Land zu erobern. Kinder brauchen in jedem Entwicklungsabschnitt die Ermutigung von Erwachsenen! Durch übertriebene Angst wird kindliches Erleben und kindliche Entwicklung gehemmt.

Wie oft müssen sich Kinder Sätze anhören, wie: „Pass auf, du fällst, geh langsam", „Iss kein grünes Obst, sonst kriegst du Bauchweh", „Zieh dir die Jacke an, du erkältest dich", „Pass auf an der Straße, sonst wirst du überfahren."

Dieses ständige, gut gemeinte Behütetwerden, kann bei Kindern bewirken, dass für sie überall Gefahren lauern. Dieses Verhalten von Erwachsenen dient nicht dazu, dem Kind Mut und Zuversicht ins Leben einzuflößen. Die Ängstlichkeit des Erziehers lähmt das Kind in der eigenen Entfaltung und färbt mit der Zeit ab. Übertriebene Angst wird nicht vererbt, sie wird abgeguckt, nachgeahmt, quasi angelernt. Sehr oft haben ängstliche Väter oder Mütter auch ängstliche Kinder. Sie prägen mit ihrer Ängstlichkeit die Haltung und Lebenseinstellung ihrer Kinder.

Besonders betroffen von dieser Ängstlichkeit sind fantasiebegabte, kreative und sensible Menschen. Ihr bildhaftes Vorstellungsvermögen lässt sie vor ihrem inneren Auge sehen, was alles passieren kann. Wenn sie dies jedoch ungefiltert an ihre Kinder weitergeben, wird das ihr Kind eher verunsichern.

Viele Elternteile haben aber auch selbst traumatische Erfahrungen in ihrer Kindheit gemacht, vor denen sie ihre Kinder logischerweise schützen möchten und sind aus dem Grund oft überängstlich um das Wohl ihrer Kinder bemüht.

So werden wir oft erst als Erwachsene in der Verantwortung für (ein) Kind/er mit unseren Ängsten aus der eigenen Kindheit konfrontiert und sind herausgefordert, Ursache und Auswirkungen von diesen zu reflektieren. Entdecken Sie solche Auswirkungen in ihrer Vorbild- und Erziehungsfunktion, lassen Sie diese Dinge nicht auf sich beruhen, sondern suchen Sie Beratung, reflektieren Sie die Dinge, die Sie ihrem Nachwuchs gegenüber überängstlich und überbehütend sein lassen.

„Schau der Angst ins Auge und sie beginnt zu zwinkern!“

Test: Welche Rolle spielen Verwöhnung und Überbeschützung in meiner Erziehung?

Hinweis zur Anwendung: Sie können vor jeder Aussage ein Zeichen + oder ein – machen. Je mehr +-Zeichen Sie haben, desto eher neigen Sie zur Verwöhnung!

	Verwöhne ich, weil ich selbst früher lieblos und desinteressiert erzogen wurde?
	Verwöhne ich, weil es meine Kinder einmal besser haben sollen als ich?
	Verwöhne ich, weil ich den Kindern wenig zutraue?
	Verwöhne ich, damit meine Kinder mich lieben und an mir hängen?
	Verwöhne ich, weil meine Ehe nicht in Ordnung ist und ich die Liebe der Kinder nicht verlieren will?
	Verwöhne ich, weil ich glaube, dass dieser Stil zeitgemäß ist und ich dem Trend der Zeit entspreche?
	Verwöhne ich, weil ich glaube, dass der so genannte Ernst des Lebens dem Kind später noch früh genug begegnet?
	Verwöhne ich, weil ich früher selbst Härte, Schläge und Misshandlung erlebt habe?
	Verwöhne und überbeschütze ich, weil ich ein ausgesprochen ängstlicher Mensch bin?
	Verwöhne ich, weil mir die Kinder viel zu langsam reagieren und ich schnell fertig sein will?

	Verwöhne ich, weil ich schnell nachgebe, um meine Ruhe zu haben?
	Verwöhne ich, weil ich dem Kind Frustrationserlebnisse ersparen will?
	Verwöhne ich, weil ich mit meinen konzentrationsschwachen Kindern Mitleid habe?
	Verwöhne ich, weil ich den Trotz, die Rebellion und den Widerstand des Kindes nicht ertragen kann?
	Will ich in erster Linie ein gehorsames und ordentliches Kind?
	Will ich Kinder, die sich strikt an Regeln und Abmachungen halten?
	Kann es sein, dass das Kind unbedingt meinen Wünschen und Vorstellungen entsprechen soll?
	Benutze ich das Kind, um mein Helfersyndrom zu befriedigen?
	Benutze ich das Kind, um meinen ungestillten Ehrgeiz zu verwirklichen?

Hinweise für die Auswertung

1. Verwöhnung ist die falsche Methode, Kinder auf ein selbstständiges Leben vorzubereiten. Verwöhnte Menschen tragen keine Verantwortung.
2. Verwöhnung heißt: Dem Kind sollen unangenehme Erfahrungen erspart bleiben. Besorgte und ängstliche Eltern nehmen zu viel Rücksicht.

3. Verwöhnte Kinder bekommen zu viele Aufgaben von Eltern gelöst, die Kinder selbst lösen sollen.

4. Zarte und kränkliche Kinder werden häufig von Eltern und Erziehern verwöhnt.

5. Viele Kinder werden heute emotional vernachlässigt, dafür aber materiell verwöhnt.

6. Verwöhnung beinhaltet auch, dass Eltern nicht genügend Grenzen setzen.

7. Eltern wollen das Beste für ihre Kinder. Sie glauben, dass Grenzen die Kinder zu sehr belasten.

8. Eltern, die ihre Kinder in Watte packen, erreichen genau das Gegenteil: Die Kinder werden nicht selbstständig.

9. Bei verwöhnten Kindern haben Eltern oft zu viel geredet und zu wenig gehandelt. Eltern müssen konsequent sein. Absprachen müssen eingehalten werden.

10. Verwöhnte Kinder verstehen es oft meisterhaft, Eltern und Erwachsene zu erpressen. Wer unsicher ist, wird umgeworfen.

11. Verwöhnte Kinder werden leicht aggressiv. Sie wollen ihre Wünsche und Forderungen durchsetzen.

12. Eltern und Erzieher sollten ihre Erziehungsstrategien überprüfen: Welche Verhaltensmuster zeigen Ihre Kinder? An auffälligen Reaktionsmustern erkennen Sie problematische Einstellungen. Sprechen Sie ruhig und klar mit Ihren Kindern über mögliche Fehler auf beiden Seiten. Ändern Sie gemeinsam mit Ihren Kindern Ihre Strategien.

(Aus: Reinhold Ruthe, „Das bin ich, das bist du.“, Brendow 2014.)

3. Schritt

Die Ziele der Angst prüfen

Dabei hilft uns die Frage: Was will ich mit meiner Angst erreichen? Ein simples Beispiel macht die Zielgerichtetheit der Angst deutlich.

Ich selbst zum Beispiel kann einfach keine Behördenformulare ausfüllen! Ich blicke nicht gleich durch, ich stelle mich nicht der Herausforderung, ich fühle mich hilflos und zeige das auch. Mit dem Erfolg, mein Mann füllt das Formular aus. Es klingt banal, doch oft wird daraus ein Teufelskreis. Ich verharre in der Hilflosigkeit und werde dadurch lebensuntüchtiger, das wiederum steigert die Angst. Immer wieder sollten wir nachforschen: Was will ich mit meiner Angst erreichen? Haben wir Ziel und Ursache der Angst erst einmal erkannt, sollten wir sie ernst nehmen und nicht aus falscher Scham verdrängen, erst dann können wir beginnen, an Verhaltensmustern, die der Angst entspringen, zu arbeiten.

Dies setzt voraus, dass ich aktiv werde. Von Angst werde ich nicht im Schlaf befreit. Verhalten zu verändern, ist nicht in einem Schnelldurchgang geschafft, sondern erfordert tägliches Training. Ängstliches Vermeidungsverhalten aufspüren und Herausforderungen annehmen ist das Trainingsprogramm. Dabei kann uns trösten, dass ein Sportler, der zur Olympiade will, nicht nur einmal kurz trainiert, sondern tägliche Mühen auf sich nimmt. Wenn wir das Ziel im Auge haben, Ängste abzubauen und dadurch befreiter und glücklicher zu leben, ist das mit einem Umwandlungsprozess verbunden, der Ausdauer und Durchhaltevermögen erfordert. Für die Unsportlichen unter uns hört sich das vielleicht unüberwindbar an, aber es ist zu schaffen, es ist mit Gottes Hilfe leichter als Sie befürchten. Er gibt uns ein Leben lang Zeit, uns zu verändern.

Seien Sie mutig und gehen Sie zu einem oder auch mehreren Menschen Ihres Vertrauens und bitten Sie diese, Ihnen ihre Wahrnehmung über Sie offen zu sagen.

Fragen Sie: „Hast du den Eindruck, dass ich mich öfter weigere Dinge zu tun, obwohl du denkst, ich könnte sie gut bewältigen, weil ich dazu begabt bin?“

Schreiben Sie mit, aber gehen Sie dann mit der notierten, jedoch unkommentierten Wahrnehmung über sich nach Hause und lassen Sie die Aussagen ihrer Mitmenschen auf sich wirken und beobachten Sie sich selbst, wie Sie in ihrem Alltag mit ungewohnten Herausforderungen umgehen. Wenn nötig, korrigieren Sie alte Verhaltensmuster, indem Sie mutig dagegen handeln. Dabei ist es hilfreich, jemanden an der Seite zu haben, dem man Rechenschaft ablegt über Erreichtes und Unerreichtes.

„Das Feigenblatt ist das Blatt der Feigen!“
Joachim Ringelnatz

4. Schritt

Vertrauen, ein Heilmittel gegen die Angst

Wie können wir quälende Angstsituationen überwinden, wenn wir vom Partner verlassen wurden, wir plötzlich arbeitslos werden, uns eine schwere Krankheit diagnostiziert wird, deren Ausgang unsicher ist, o.ä.? Dies sind in der Tat Angst auslösende Situationen. Wir reagieren wahrscheinlich zuerst mit Panik. Doch in Panik zu verharren bringt uns nicht weiter.

Drei Dinge können uns weiterhelfen:
1. Frag dich, was ist das Schlimmste, das dir in dieser Situation passieren kann? Was macht dir am meisten Angst?
2. Wenn es unausweichlich ist, finde dich damit ab. Nimm es zuerst einmal an.
3. Dann trachte in Ruhe danach, dem Schwersten die Spitze abzubrechen.
Ein russisches Sprichwort sagt: „Schau der Angst ins Auge und sie beginnt zu zwinkern!"

Worin liegt der Effekt?
Ein JA zu dem, was geschehen ist, bildet den ersten Schritt zur Überwindung der Folgen. Die Bejahung und das Annehmen des Schlimmsten geben innere Ruhe und setzen ungeahnte Kräfte frei, um nach Lösungsmöglichkeiten zu suchen. Denn wer sich auf das

Schlimmste gefasst gemacht hat, kann nichts mehr verlieren, er kann nur noch gewinnen.

Verbittertes und wütendes Rebellieren gegen das, was nun einmal geschehen ist, macht blind für neue Wege und hindert uns daran, überhaupt nach anderen Wegen zu suchen. Der Neuanfang ist blockiert.

In der Bibel wird uns gesagt: *„Werft euer Vertrauen nicht weg; denn eine große Belohnung wartet auf euch, wenn ihr treu bleibt!“ Hebräer 10,35*

Wer sich entscheidet, der höheren Instanz Gott zu vertrauen, wird lernen, nicht in erster Linie auf seine eigene, berechtigte Angst zu sehen. Er lässt sich von der Angst nicht hypnotisieren, sondern er wird durch das Vertrauen motiviert werden, neue Wege zu suchen. Denn er liefert sich jemandem aus, der einen umfassenden Überblick über sein Leben hat und somit auch schon die neuen, begehbaren Wege sieht.

Dieser Ausblick auf das Neue, Wachsende und Werdende fehlt uns in der Angst. Manchmal sind wir vom Schmerz so blind, dass wir unfähig sind, an einen Neuanfang zu glauben, geschweige denn, nach einem neuen Weg zu suchen. In einer solchen Situation brauchen wir Menschen, Seelsorger, Therapeuten, Begleiter, die uns an die Hand nehmen und einfühlsam helfen, neuen Lebensmut zu entdecken.

5. Schritt

Über die Angst sprechen vermindert Angst

Schlimm ist Angst, wenn man mit ihr allein bleibt.

Aussprechen der Angst vor jemandem, der Verständnis hat und mich versteht, einem Menschen, der Anteil nimmt, hilft viel. Wie viele Menschen schämen sich ihrer Angst und driften in krankhafte, neurotische Bereiche ab. Sie wollen die Angst verdrängen und überfordern sich. In der Überlastung können Sie so entmutigt sein, dass Sie jeden Lebensmut verlieren. Ich will Ihnen Mut machen: Sprechen Sie Ihre Ängste vor einem Seelsorger aus, der Sie versteht, oder wenn nötig auch vor einem Therapeuten. Mir persönlich hilft es auch, meine Angst vor Gott auszusprechen, das entspannt mich und gibt mir neuen Mut. Brechen Sie der Angst die Spitze ab, indem Sie Ihre Angst verraten.

Angst macht aus uns einen Vogel, der zwar fliegen kann, aber vom Käfig der Angst daran gehindert wird, es zu tun.

6. Schritt

Der Glaube ist eine Kraft, mit der Angst fertig zu werden

Der Glaube an Gott ist eine sehr persönliche Entscheidung.

Glaube gibt uns die innere Gewissheit, dass es Gott wirklich gibt und dass er gut zu uns ist.

Glaube ist die Entscheidung, darauf zu vertrauen, dass Gott die Welt sich nicht selbst überlassen hat und auch uns nicht einem unbestimmten Schicksal ausgeliefert hat.

Glaube gibt Kraft, schwierige Situationen durchzustehen und ermutigt uns, einem Gott zu vertrauen, der in seinem Sohn Jesus Christus Mensch geworden ist, um uns nahe zu sein.

Dieser Jesus, der übrigens selbst auch Angst hatte, sagt zu seinen Freunden: *„Dies alles habe ich euch gesagt, damit ihr in meinem Frieden geborgen seid. In der Welt wird man euch hart zusetzen, aber verliert nicht den Mut: Ich habe die Welt besiegt!" Johannes 16,33.*

In der Übersetzung von Martin Luther liest sich der Vers so: *„In der Welt habt ihr Angst, doch seid getrost, ich habe diese Welt überwunden."*

Jesus verspricht uns dort nicht leichtfertig ein Leben ohne Angst, aber er sagt uns zu, uns auf allen Wegen zu begleiten, in Krankheit, Verzweiflung und Todesangst mit uns zu gehen.

Diese tröstende und stärkende Gegenwart kommt uns auch in Psalm 23,4 entgegen:

„Und muss ich auch durchs finstere Tal – ich fürchte kein Unheil! Du, Herr, bist ja bei mir; du schützt mich und du führst mich, das macht mir Mut."

Dort steht nicht: „Und geht es auch durchs dunkle Tal, ich mache es wieder hell", aber er verspricht, er ist bei mir; er schützt mich und führt mich, das macht mir Mut.

Diesem Gott können wir trauen, weil er selbst in unserer Welt gelebt hat und alle menschlichen Ängste bis zum Tod durchlitten hat.

In der Beziehung zu ihm erfahren wir Geborgenheit, sie ist das Gegenteil von Angst.

Diese Geborgenheit im Glauben an ihn wird uns immer wieder neu Mut machen, unseren Lebensweg weiterzugehen, trotz unserer Ängste.

Wer entschieden hat, Jesus zu vertrauen, lässt sich auf Dauer nicht von der Angst lähmen, denn auch Jesus weiß, dass Angst und Mensch ein untrennbares Paar sind, aber er will uns Mut machen, den Stier „Angst" bei den Hörnern zu packen. Das Einzige, was gegen Angst hilft, ist, ihr nicht ausweichen zu wollen. Im Gegenteil, es steigert die Angst.

Ich glaube, dass Fritz Riemann in seinem Buch „Grundformen der Angst" etwas ausdrückt, wie Gott unser Leben gemeint hat (Seite 201):

„Wo wir eine der größten Ängste erleben, stehen wir immer in einer der großen Forderungen des Lebens, im

Annehmen der Angst und im Versuch sie zu überwinden wächst uns neues Können zu. Jede Angstbewältigung ist ein Sieg, der uns stärker macht; jedes Ausweichen vor ihr ist eine Niederlage, die uns schwächt."

„Menschen, die aus Hoffnung leben, sehen weiter.
Menschen, die aus Liebe leben, sehen tiefer.
Menschen, die aus Glauben leben,
sehen alles in einem andern Licht."
Lothar Zenetti

Schluss

Zum Schluss ist mir eines noch einmal ganz deutlich geworden: Der Ursprung fast aller Ängste liegt in unserem Befürchten, dass wir nicht wertvoll, nicht wichtig, nicht liebenswert sein könnten. Wer aber kann Ihnen und mir dieses Wissen geben, wertvoll und wichtig zu sein?

In Psalm 139,13-16 wird uns gesagt *„Du, Gott, hast mich geschaffen mit Leib und Geist, mich zusammengefügt im Schoß meiner Mutter. Dafür danke ich dir, es erfüllt mich mit Ehrfurcht. An mir selber erkenne ich: Alle deine Taten sind Wunder! Ich war dir nicht verborgen, als ich im Dunkeln Gestalt annahm, tief unten im Mutterschoß der Erde. Du sahst mich schon fertig, als ich noch ungeformt war. Im Voraus hast du alles aufgeschrieben; jeder meiner Tage war schon vorgezeichnet, noch ehe der erste begann."*

Das Wissen, Gott so wichtig, so wertvoll zu sein, kann uns sicher machen und motivieren, trotz unserer Ängste den Weg des Lebens zu gehen. Sicher und geborgen in der engen Bindung an Jesus Christus. Diese Worte mögen für den Einen oder Anderen banal oder abstrakt klingen, vielleicht auch weit entfernt von der eigenen Erfahrungswelt.

Ich möchte Ihnen Mut machen, sich auf dieses neue Terrain zu wagen und diese Worte in Ihrem Herzen zu